Fiche **philosophe**

Par Violette Bastin

Marx

lePetitPhilosophe.fr

MARX

PHILOSOPHE ET ÉCONOMISTE ALLEMAND THÉORICIEN DU COMMUNISME

- **Né en 1818 à Trèves**
- **Décédé en 1883 à Londres**
- **Quelques-unes de ses œuvres :**
    - *Manuscrits de 1844*
    - *Manifeste du parti communiste*, avec Friedrich Engels (1848)
    - *Le Capital* (1867-1905)

Philosophe et économiste allemand du **XIXᵉ siècle**, Karl Marx est aussi un **révolutionnaire**, ainsi que **le théoricien du socialisme et du communisme**. Il est à l'origine du mouvement de lutte des classes ouvrières contre la bourgeoisie et le système capitaliste, combat dont le but est d'enrayer l'exploitation et l'aliénation des travailleurs. La révolution des prolétaires contre ceux qui détiennent les moyens de production doit selon lui aboutir à l'abolition de la lutte des classes qui permettrait alors l'émergence de la société communiste. Sa pensée a donné naissance au **marxisme** et a eu des répercussions considérables sur l'histoire du XXᵉ siècle.

Tout au long de sa vie, Marx n'a jamais cessé de retravailler ses textes et, par eux, sa pensée, permanent *work in progress*. En raison de **choix de vie cohérents avec ses convictions** – une philosophie fondamentalement engagée en politique –, il a vécu dans la misère et une certaine persécution politique, et est mort dans une grande pauvreté.

BIOGRAPHIE

LA JEUNESSE ET LA DÉCOUVERTE DU LIBÉRALISME

Karl Marx **nait en 1818** à Trèves, en Rhénanie prussienne (alors dirigée par un gouvernement conservateur, autoritaire et chrétien) dans une **famille juive récemment convertie au protestantisme**. Son père, avocat à tendance libérale, s'est vraisemblablement converti pour échapper aux mesures antisémites du gouvernement prussien, qui interdit aux juifs l'accès à de nombreuses professions. Malgré cela, Marx devra faire face aux multiples discriminations à l'encontre des juifs.

BON À SAVOIR

Le protestantisme désigne les doctrines religieuses issues de la Réforme protestante qui s'est opposée à l'Église catholique romaine au XVIe siècle. Il se distingue notamment du catholicisme par son refus d'une lecture dogmatique des Écritures et par la croyance au péché originel, dont seule la pratique d'une foi ardente peut sauver les fidèles.

De 1830 à 1835, Marx est élève au **lycée de Trèves**, connu pour son ambiance libérale. Il entame ensuite des **études de droit** pour faire plaisir à son père. Mais, à l'université de Bonn où il étudie, il est gagné par l'esprit de fronde ambiant et se tourne finalement vers **l'histoire et la philosophie**, qui le passionnent bien plus que le droit.

Poursuivant ses études à Berlin, Marx est initié à la pensée de **Georg Wilhelm Friedrich Hegel** (1770-1831), figure philosophique emblématique dans les universités rhénanes portées au libéralisme. Par ailleurs, le mouvement libéral gagne de plus en plus largement la société allemande, qui souhaite s'émanciper du joug prussien. L'époque est à la rébellion, au point que s'esquisse une révolution.

Marx s'investit dans **les activités des jeunes hégéliens**, un cercle philosophique engagé en politique que le gouvernement voit d'un mauvais œil. Sous la pression prussienne, ils se radicalisent : tandis que, politiquement, ils évoluent vers un républicanisme de gauche, en philosophie, ils sont influencés par **Ludwig Feuerbach** (1804-1872), qui s'attaque au christianisme et au gouvernement prussien. Marx, sous cette influence, soutient en 1841 à l'université d'Iéna une thèse intitulée **Différence de la philosophie de la nature chez Démocrite et Épicure**, très critique à l'encontre de la religion.

BON À SAVOIR

Le **libéralisme** est une doctrine reconnaissant et privilégiant les libertés individuelles (liberté politique, liberté de penser, etc.). Historiquement, il s'est construit contre l'absolutisme de l'État (système politique dans lequel le pouvoir est concentré entre les mains d'une seule personne).

DE L'ENGAGEMENT POLITIQUE À L'ACTION RÉVOLUTIONNAIRE

Après sa thèse, Marx ne trouve pas de poste à l'université à cause de ses relations avec les jeunes hégéliens. Il se tourne alors vers le **journalisme** et devient, en 1842, rédacteur en chef de *La Gazette rhénane*, journal d'opposition. À ce moment, il commence à **s'intéresser aux questions sociales et économiques**. Mais il radicalise la tendance déjà révolutionnaire du journal, ce qui aboutit, en 1843, à son licenciement.

Après avoir épousé Jenny von Westphalen, Marx, **exilé par le gouvernement prussien**, s'installe à **Paris** où il collabore à la fondation des *Annales franco-allemandes*, d'inspiration socialiste. Un seul numéro de la revue sera édité, en 1844, dans lequel figure un article qui marque un tournant dans la pensée du jeune homme : celui-ci s'éloigne aussi bien de la critique libérale du gouvernement prussien que des jeunes hégéliens et de la philosophie en général. En politique comme en philosophie, Marx rompt, en somme, avec la pure théorisation pour **prôner l'action révolutionnaire**. Désormais, pour lui, il s'agit avant tout de transformer le monde.

À Paris, Marx rencontre **Friedrich Engels** (1820-1895), le fils d'un riche industriel propriétaire d'usines dans lesquelles le jeune Engels a acquis, par l'observation des travailleurs, une expérience concrète du monde ouvrier. Ayant lui aussi fréquenté les jeunes hégéliens, il a de nombreux atomes crochus avec Marx, qu'il fait profiter de sa connaissance de la classe ouvrière. C'est **le début d'une amitié** qui durera toute leur vie et d'une **collaboration intellectuelle fructueuse**. Ensemble, ils écriront quelques ouvrages dont le *Manifeste du parti communiste*.

UNE VIE D'ERRANCE

Sur demande des autorités prussiennes, Marx, considéré comme un dangereux révolutionnaire, est **expulsé de France en 1844**. Il vit désormais grâce, notamment, à l'aide financière du fidèle Engels.

C'est à **Bruxelles** que le révolutionnaire pose **les bases de sa philosophie politique**, dans *La Sainte Famille* (1845), puis dans *L'Idéologie allemande* (1845-1846), écrits avec Engels. Imbriquant dans ces écrits philosophie, socialisme et économie politique, Marx **s'éloigne définitivement de Hegel et de Feuerbach** : on ne peut pas se contenter d'idées pour mener le monde. Pour avoir une chance de le changer, c'est aux conditions économiques qu'il s'intéresse.

Considérant **« son » socialisme comme le seul valable**, Marx condamne tous les autres, comme celui de Pierre-Joseph Proudhon (1809-1865), père de l'anarchisme et figure pourtant tutélaire de la vie révolutionnaire parisienne. Il répond ainsi avec virulence à la *Philosophie de la misère* de Proudhon (1846) par son fameux *Misère de la philosophie* (1847), dans lequel il reproche à ce dernier son refus de la lutte politique. À ses yeux, **les autres socialismes relèvent davantage de la réflexion spéculative** que d'une connaissance concrète des mécanismes du système capitaliste et de la classe ouvrière.

C'est également à Bruxelles que Marx et Engels rédigent ensemble le célèbre ***Manifeste du parti communiste***, publié en **1848** à la demande de la Ligue des communistes, groupement socialiste composé d'exilés allemands. Ce sera leur programme et celui d'une importante part du mouvement ouvrier international. C'est dans ce texte qu'est développée l'idée majeure selon laquelle **la lutte des classes sociales est le moteur de l'histoire et de son évolution**. Dans cette optique, Marx et Engels prônent la solidarité du prolétariat pour aboutir à une révolution européenne. D'où la dernière et si célèbre phrase du *Manifeste* : « Prolétaires de tous les pays, unissez-vous. »

LONDRES OU LA MISÈRE

Après une nouvelle série d'expulsions, de prises de position révolutionnaires et même de poursuites devant les tribunaux, Marx fuit vers **Londres** en aout **1849**.

Malgré l'appui financier d'Engels, la famille de Marx vit dans un **immense dénuement**. Fidèle jusqu'au bout à ses idéaux, il refuse presque toujours de se livrer à un travail rémunéré, ce qu'il voit comme une forme d'aliénation, ne consentant pour gagner sa vie qu'à faire œuvre de journalisme. Il consacre ainsi toutes les années 1850 à écrire des **articles alimentaires**, tout en continuant ses recherches en économie, en politique, en histoire, etc.

Durant cette période, malgré tout, Marx publie un peu, notamment la *Contribution à la critique de l'économie politique* (1859), préalable à **son œuvre majeure, _Le Capital_**, à l'élaboration duquel il consacre ces dures années londoniennes. Il écrit à cette époque : « Je ne crois pas qu'on ait jamais écrit sur l'argent tout en en manquant à ce point. » Mais la conception et la rédaction du *Capital*, œuvre colossale tant par sa taille que par sa complexité, ainsi que la mort de sa femme, son soutien de toujours, en 1881, viennent à bout de ses forces. Il meurt en **1883** à Londres, laissant à Engels la tâche de publier et de donner forme à la suite du Capital à partir des carnets qu'il lui a laissés (le livre 2 sera publié en 1885, le livre 3 en 1894 et le livre 4 en 1905).

CONTEXTE PHILOSOPHIQUE

LA DIALECTIQUE HÉGÉLIENNE

Les jeunes hégéliens (nom initialement donné aux élèves de Hegel qui, après la mort du maitre, poursuivent ses travaux), dont Marx, ont été fortement influencés par la philosophie de Hegel et par sa dialectique en particulier.

La dialectique hégélienne est un **système de raisonnement logique** s'appliquant à la fois :

- à la réalité, c'est-à-dire à la nature,
- et aux idées qui, pour Hegel, sont le reflet de la nature dans le cerveau de celui qui la contemple.

Il consiste en un **dialogue dynamique et permanent entre opposés, pour parvenir à la vérité en dépassant les contradictions grâce à la transformation de chaque élément au contact de l'autre**. Ainsi, dans un raisonnement dialectique, on distingue :

- une affirmation ou thèse ;
- sa négation ou antithèse ;
- la négation de la négation ou synthèse, au sein de laquelle la thèse et l'antithèse sont à la fois conservées et dépassées.

Par conséquent, lorsque deux points de vue s'opposent, l'un n'a pas plus de vérité que l'autre, puisque la vérité se trouve précisément dans le dialogue qui s'établit entre les deux et qui aboutit à la synthèse. En d'autres termes, la dialectique hégélienne solidarise les termes opposés dans le but d'atteindre le savoir absolu.

MARX ET LE DÉPASSEMENT DES CONCLUSIONS HÉGÉLIENNES

Les jeunes hégéliens et Marx à leur suite appliquent cette méthode aux phénomènes sociaux, politiques et économiques, tout en en critiquant l'aspect trop idéaliste. Par ailleurs, ils tentent de **dépasser les conclusions conservatrices et réactionnaires qu'en tire Hegel** en en tirant de nouvelles, athées et révolutionnaires :

- c'est d'abord sur les questions religieuses qu'ils se distinguent de leur maitre à penser. En effet, **athées et critiques vis-à-vis de la religion chrétienne**, ils n'acceptent pas d'identifier philosophie et théologie, à la différence de Hegel, pour qui le contenu de la religion chrétienne, qu'il considère comme le plus haut stade de développement de la religion en général, coïncide avec le contenu de la philosophie. Ils s'opposent également à l'Église et à son prosélytisme ;
- mais leur opposition à Hegel s'étend également aux questions politiques. Révolutionnaires, ils sont **radicalement opposés au soutien conservateur apporté par Hegel au gouvernement de la Prusse impériale**, dans laquelle celui-ci voit la fin idéale du cours de l'histoire. C'est d'ailleurs sous la pression de ce gouvernement que les jeunes hégéliens se rapprochent progressivement du radicalisme de gauche, conciliant les méthodes de la dialectique hégélienne avec le matérialisme feuerbachien.

LE MATÉRIALISME PHILOSOPHIQUE DE FEUERBACH

Feuerbach se fait critique de Hegel après avoir été son disciple et il sera pendant un temps le chef de file du cercle des jeunes hégéliens, avant de s'en détacher également. Dans *L'Essence du christianisme* (1841), il soutient que l'homme a créé Dieu à son image et que, en définitive, l'homme est le Dieu de l'homme.

Feuerbach **combine la dialectique hégélienne avec une conception matérialiste :**

- il conserve la dialectique hégélienne en ce sens qu'il conçoit un dualisme et un dialogue entre l'esprit et la matière, plus précisément entre un esprit qui perçoit le monde au travers d'idées et un corps sensible qui s'inscrit dans le réel et le perçoit par les sens ;
- il retourne l'idéalisme hégélien en nous suggérant de chercher dans la matière l'origine de nos pensées et non l'inverse. Pour Hegel, en effet, tout est « idée » : chaque objet matériel n'est qu'une idée appliquée au réel, et il existe une Idée ultime et absolue qui peut être identifiée à Dieu et se réalise dans la matière. Dès lors, les objets ne sont que des copies des idées et, ultimement, de l'Idée absolue. Feuerbach défend au contraire une position matérialiste : selon lui, **les idées, créations de l'esprit, sont secondes par rapport à la perception sensible** issue de l'expérience du réel. Les deux demeurent cependant, comme chez Hegel, en dialogue, mais les idées ne sont plus que des reflets du monde matériel et non l'inverse.

Dieu n'est donc qu'une projection par l'esprit d'une réalité sensible. Autrement dit, Dieu est une projection de l'homme par l'homme lui-même.

Ainsi Feuerbach imprime-t-il à la dialectique hégélienne une dignité toute scientifique et historique, expliquant le réel par la matière et non par les idées.

<u>BON À SAVOIR</u>

Le **matérialisme** est une conception philosophique selon laquelle soit il n'y a de réalité que matérielle, soit l'esprit et toute vie spirituelle s'expliquent par la matière. Il s'oppose en ce sens à l'**idéalisme**, qui accorde au contraire un rôle prééminent aux idées, donc à l'esprit.

PENSÉE ET APPORT

LA QUESTION DE L'IDENTITÉ DE MARX

Une œuvre en perpétuelle évolution

La pensée de Marx n'a jamais cessé d'évoluer. On peut cependant distinguer dans son œuvre **deux grandes périodes** bien distinctes :

- la première, celle des **écrits de jeunesse**, s'étend jusqu'en 1846 et peut être qualifiée de philosophique ou d'anthropologique, puisque Marx s'attache à y **décrire l'essence de l'homme** qui, pour lui, s'accomplit dans le travail. Dans cette partie de son œuvre, il se fait le continuateur de la pensée des jeunes hégéliens : il conserve le dualisme de l'esprit et de la matière ainsi que la méthode dialectique pour la recherche de la vérité. En outre, il **critique avec virulence la religion tout comme l'État**. Il ne s'agit selon lui que de créations abstraites de l'homme l'éloignant de son essence en contribuant à l'aliéner, c'est-à-dire à le maintenir prisonnier de sa position sociale, et en l'empêchant de se réaliser en tant qu'homme dans son activité ;
- avec les années, Marx s'éloigne d'une philosophie « pure », qui se cantonne à la pensée spéculative, pour **s'intéresser aux questions concrètes de la société**. Sa philosophie se fait ainsi plus « scientifique » : il se tourne vers une **analyse économique et politique de la société** et de l'exploitation qui y fait rage. Ceci dit, il y a une réelle continuité entre les œuvres de jeunesse et celles de l'âge

mûr, ces dernières se basant, pour entrer dans l'action, sur les analyses du jeune Marx à propos des conditions sociales et de l'aliénation de l'homme. Marx s'attèle ainsi à **rendre pratique sa philosophie théorique**.

Précisons également que Marx a su construire une pensée unitaire à partir de sources diverses. Il a su les rendre complémentaires pour les appliquer au monde réel.

Marx philosophe ?

Compte tenu de l'éclectisme de ses sources et intérêts, **la question de l'identité de Marx s'est beaucoup posée**, certains allant jusqu'à lui dénier le titre de philosophe. Pour certains, il est avant tout un économiste, pour d'autres il est un penseur politique et d'aucuns ont même vu en lui un prophète. Aussi son œuvre a-t-elle été malheureusement récupérée pour légitimer des régimes politiques communistes (en Russie ou en Chine, par exemple) bien éloignés de sa pensée, qui n'avait finalement pour but que de libérer une humanité aliénée par une économie capitaliste abusive.

En définitive, on peut dire que Marx « renverse » la philosophie. Plus précisément, **il coupe la philosophie de la pure spéculation** souvent sans rapport avec le monde réel **et la ramène à la pratique**. Ainsi, la philosophie se voit assigner un nouveau rôle : transformer le monde (citation 1). À la pensée pure des philosophes classiques, Marx préfère l'action politique. Il ne supprime pas pour autant la philosophie, mais il utilise différemment ses outils et mêle ses apports logiques à l'action concrète.

DE LA DIALECTIQUE HÉGÉLIENNE À LA DIALECTIQUE MARXISTE

La dialectique hégélienne comme base

Marx fait de **la dialectique hégélienne la base de sa pensée**. Ainsi, il poursuit le mouvement initié par Feuerbach en conservant la méthode de Hegel, mais il renverse lui aussi cette dialectique **trop idéaliste** : tout comme Feuerbach, Marx estime que les idées sont les reflets du monde matériel et non l'inverse (<u>citation 2</u>).

Par conséquent, **le réel est en mouvement** – comme l'est l'idée chez Hegel –, **et c'est ce mouvement qui fait l'histoire**, plus précisément l'histoire sociale et concrète de l'homme. Celle-ci apparait alors comme une construction dialectique en constante évolution, avançant par étapes (affirmation, négation, négation de la négation et ainsi de suite), où les conflits et les oppositions sont féconds.

Le matérialisme dialectique

En outre, **Marx teinte la dialectique hégélienne de matérialisme**, prenant là aussi la suite de Feuerbach. La conscience de l'homme, ses pensées ou encore ses idées sont selon lui le fruit de son observation et de son interaction avec le monde réel et matériel.

Mais il se distingue toutefois de Feuerbach à propos de la question de la nature de l'homme :

- pour Feuerbach, ce qui définit l'homme, c'est sa nature

sensible et matérielle ;

- pour Marx, **ce n'est pas sa nature qui définit l'homme, mais bien sa condition sociale**, qui fait de lui ce qu'il est. Il renverse donc le rapport traditionnel du sujet et de l'objet : c'est désormais l'objet – la société, le travail, etc. – qui détermine le sujet et non plus l'inverse.

La dialectique marxiste

Pour saisir la condition sociale de l'homme, **Marx s'intéresse à l'économie, qui positionne socialement l'homme par le travail**. En effet, il s'agit là d'une activité essentielle et constitutive de son humanité. Si on analyse la société et les rapports économiques qu'y entretiennent les hommes, on trouve des oppositions (d'intérêts, de classes sociales, etc.) inconciliables mais pourtant indissociables (puisque, par exemple, le patron a besoin de l'ouvrier pour effectuer le travail concret qu'il commande), qu'il faut mettre en dialogue pour faire avancer l'histoire.

Ce faisant, le philosophe se détache définitivement du matérialisme de Feuerbach et des jeunes hégéliens : ceux-ci concevaient l'homme comme une abstraction et non comme le produit de ses relations sociales, puisqu'ils ne se préoccupaient pas de son identité sociale et du contexte objectif dans lequel il s'inscrit. Marx s'intéresse pour sa part à l'être social de l'homme, car c'est ce qui le définit véritablement. Ainsi, **ce n'est pas la conscience des hommes qui définit leur être, c'est leur être social qui définit leur conscience** (citation 3). Dès lors, l'individu, qui se pense libre de ses choix, est en réalité défini par la société dans laquelle il vit.

LE MATÉRIALISME HISTORIQUE OU LE MOUVEMENT DE L'HISTOIRE

La lutte des classes comme moteur de l'histoire

Le matérialisme historique est une forme du matérialisme dialectique qui applique la dialectique à l'analyse de l'évolution historique de la société : au cours de l'histoire, les rapports sociaux changent constamment au gré de conflits qui aboutissent toujours à la résolution des contradictions et, ainsi, font avancer l'histoire.

Pour Marx, il est en effet impossible d'enrayer **le mouvement de l'histoire**, qui **aboutit toujours à une étape de restructuration sociale**. Les rapports sociaux, qui sont essentiellement des rapports de production (liant le maitre à l'esclave ou le patron à l'ouvrier), finissent toujours par devenir insoutenables pour une bonne partie de la population (voire, souvent, pour la majorité) qui, par conséquent, réclame un changement des structures sociales.

Le moteur de l'histoire se trouve donc dans la structure économique de la société, c'est-à-dire dans la manière dont y est organisé le travail. Autrement dit, pour Marx, **ce sont les processus économiques qui constituent le moteur de l'histoire**. Il remarque que ces processus économiques distinguent fondamentalement l'homme des autres êtres vivants : l'homme est le seul à transformer des matières premières en objets utiles.

À chaque période de crise, la classe sociale qui souffre de la situation et ressent le besoin de la changer, prend la responsabilité de l'histoire et initie une révolution qui aboutira à l'avènement d'un nouveau régime. C'est de cette manière que l'histoire évolue. Dès lors, la notion de lutte des classes est centrale dans l'œuvre de Marx : elle est **le véritable moteur de l'évolution de l'histoire**, qu'elle explique entièrement (<u>citation 4</u>).

<u>**BON À SAVOIR**</u>

Pour comprendre ce qu'est **une classe sociale**, il est nécessaire de comprendre le rapport de production et la place que chacun occupe dans une société donnée :

- dans la société esclavagiste antique, on a affaire à la propriété d'un homme – l'esclave – par un autre homme – le maitre – ;
- dans la société médiévale, un homme – le suzerain – est propriétaire non plus d'un autre homme – le serf –, mais du sol auquel celui-ci est inféodé ;
- dans la société industrielle capitaliste, un homme – le patron – est propriétaire des moyens de production dont un autre homme – l'ouvrier – doit se servir pour travailler au service du premier. L'ouvrier, lui, n'est propriétaire que de sa force de travail.

Les cinq étapes de l'histoire

- Aussi Marx résume-t-il **l'histoire de l'humanité** en **quatre étapes révolues** ayant toutes abouti à un retournement de situation et conduisant à **une cinquième**

étape dont Marx espère qu'elle sera la dernière : **le socialisme**, qui coïncidera avec « un univers réconcilié avec lui-même ». Les quatre premières étapes sont les suivantes :

- la communauté primitive ;
- la société esclavagiste antique ;
- le régime féodal ;
- le régime capitaliste.

À chacune de ces étapes, la classe dominée a initié un renversement des rapports sociaux et provoqué une révolution aboutissant à un autre équilibre n'entravant plus, du moins pour un temps, le développement. Dans le cas de la dernière étape souhaitée et prévue par Marx, **le prolétariat** – la classe sociale des ouvriers salariés qui ne possèdent que leur force de travail, mais aucun moyen de production – **va se lever contre les possédants** – la bourgeoisie capitaliste détenant les moyens de production, qui l'exploite et l'aliène – et renverser les rapports sociaux et de production.

En définitive, selon Marx, l'homme est responsable de son histoire et, par conséquent, de ce qu'il est. Bien que sa conscience soit déterminée par sa position dans la société et non l'inverse, il possède un certain pouvoir sur cette même société, un droit de réponse qui peut s'avérer concrètement efficace et, finalement, transformer le monde et l'homme lui-même.

LE SYSTÈME CAPITALISTE

Les sources de la bourgeoisie

Analysant la société capitaliste de son époque dans *Le Capital*, Marx étudie **les sources de la bourgeoisie contemporaine** pour comprendre comment elle est **devenue la classe dominante** :

- née au sein de la société féodale dominée par une aristocratie de suzerains, elle est petit à petit devenue une force financière d'envergure avec le développement des villes et, avec elles, de l'artisanat et du commerce. Les bourgeois ont progressivement accumulé un capital monétaire conséquent. Ainsi, **la noblesse a perdu de son importance à mesure qu'a grandi celle de la bourgeoisie** qui, en somme, a renversé le rapport social prévalant dans le régime féodal ;
- elle a ensuite bouleversé littéralement le monde, modifiant les rapports sociaux comme les valeurs et développant sciences et techniques jusqu'à l'éclosion de la société capitaliste telle que Marx peut l'observer à son époque. Mais, **en même temps qu'a grandi la bourgeoisie, une autre classe sociale a vu le jour : le prolétariat**, regroupant ceux qui ne possèdent rien d'autre que leur force de travail à vendre.

Le système capitaliste

Marx explique que **le point d'orgue du système capitaliste est de changer en marchandise une immense part de la nature**, que l'homme s'approprie. Cette marchandise équivaut à ce qu'il appelle du « temps de travail solidifié », dont le revenu financier ne revient qu'en partie à celui qui l'a pourtant concrètement produit : l'ouvrier. Le patron garde effectivement pour lui la majeure partie de ce revenu, les intérêts.

Dans le système capitaliste, en effet, **le patron achète la force de travail de l'ouvrier** : il lui verse un salaire qui doit payer son travail, mais qui en fait ne rémunère pas son « surtravail », qui produit pourtant de la valeur supplémentaire. L'ouvrier travaille donc en partie gratuitement. C'est ce que l'on appelle la plus-value, qui ne bénéficie qu'au patron propriétaire des moyens de production. Les prolétaires se retrouvent de la sorte exploités et aliénés :

- il y a **exploitation** lorsque la plus-value générée par le travail des prolétaires ne leur est pas entièrement reversée ;
- il y a **aliénation** lorsque les travailleurs sont rendus étrangers à eux-mêmes, dépourvus de ce qui fait leur essence parce qu'ils ne comprennent pas le sens de leur travail. Ils ne sont alors plus qu'une variable dans le processus de production et leur activité est comparable à celle d'une machine achetée par un employeur (citation 5).

Le patron accumule ainsi de l'argent et il s'agit là de son but premier : dans le système capitaliste, on ne produit que pour revendre et pouvoir produire plus encore, accumulant ainsi toujours plus d'argent. C'est un **système qui confine à l'absurde** :

- la main-d'œuvre ouvrière nécessaire à la production de

ces richesses est toujours plus importante et toujours plus pauvre ;

- la classe possédante, elle, est toujours plus riche et toujours moins nombreuse.

Par ailleurs, **le capitalisme coupe une partie de la population de la réalité** :

- le patron, qui ne travaille pas mais fait travailler les autres, ne connait les objets que de manière passive et en jouit immédiatement, sans s'être au préalable astreint au travail transformateur ;
- seul l'ouvrier connait le travail qui transforme les objets. Dès lors, il entretient avec eux un rapport plein et entier, et est à la fois actif (puisqu'il agit sur la nature et la transforme par son travail) et passif (puisqu'en retour, la nature agit sur lui et le transforme). Ainsi c'est l'ouvrier qui, par le produit de son travail et grâce à la maitrise due à la pratique, est apte à renverser la structure sociale.

La religion, l'opium du peuple

Pour pouvoir réellement se soulever, **le prolétariat doit accéder à la conscience de son état aliéné**. Le philosophe peut l'y aider en lui faisant comprendre par où il est aliéné. Ainsi, **il doit déjouer les pièges employés par le capitalisme pour le tenir en soumission** et, par la suite, reprendre le pouvoir qu'on lui avait subtilisé.

Le piège le plus important pour soumettre le prolétariat est **la religion** qui, pour Marx, **est « l'opium du peuple »** (citation 6). La religion, promesse du bonheur après la mort pour ceux qui souffrent dans la vie, est une **représentation produite par la structure sociale pour le maintenir à sa place**. Par conséquent, selon Marx, il faut « désintoxiquer » l'homme de la religion pour qu'il n'ait plus besoin de cet opium. C'est possible en le faisant accéder à la compréhension du monde et de sa situation : il pourra alors s'en détacher et transformer les circonstances dans lesquelles il s'inscrit, changeant le cours du monde et, par là, celui de son existence propre, et retournant la situation pour en établir une nouvelle dans laquelle plus personne n'aura besoin d'opium pour supporter une situation abrutissante de domination et d'exploitation.

Pour Marx, **la fin du capitalisme signe la fin de l'histoire**. Il espère en effet que la révolution issue du capitalisme sera la dernière : il s'agit d'**en finir avec l'antagonisme des classes sociales** qui constitue le moteur de l'histoire. Il souhaite que le prolétariat s'émancipe sans pour autant recréer les conditions d'une nouvelle aliénation : ce sera alors la fin de l'exploitation de l'homme par l'homme, et l'avènement d'une société sans classes (citation 7).

EN RÉSUMÉ

Avec Marx, **la philosophie** se voit assigner un nouveau rôle : **transformer le monde**. À la spéculation théorique, il préfère l'action politique.

Le philosophe part de la dialectique hégélienne, mais il la renverse et lui donne une orientation matérialiste : la conscience de l'homme, ses pensées ou encore ses idées découlent de son observation et de son interaction avec le monde matériel. En outre, selon lui, **c'est sa condition sociale qui définit l'homme**.

Au cours de l'histoire, les rapports sociaux changent constamment et c'est ce qui la fait avancer : les rapports sociaux, qui sont essentiellement des rapports de production, finissent toujours par devenir insoutenables pour une partie de la population, qui se révolte. **Le moteur de l'histoire** réside donc dans **la lutte des classes**.

Aussi Marx résume-t-il **l'histoire de l'humanité** en **quatre étapes révolues** ayant toutes abouti à un retournement de situation et conduisant à **une cinquième étape : le socialisme**, qui verra le prolétariat se lever contre le système capitaliste.

Le philosophe explique que **le point d'orgue de la société capitaliste est de changer en marchandise une immense part de la nature** que l'homme s'approprie. Pour ce faire, **le patron achète la force de travail de l'ouvrier**, qui est exploité et aliéné.

Afin de faire advenir le socialisme, le prolétariat doit prendre conscience de son état aliéné. Il s'agit de déjouer les pièges employés pour le tenir en soumission, notamment la religion, puis de reprendre le pouvoir qu'on lui avait subtilisé. Pour Marx, **la fin du capitalisme signe la fin de l'antagonisme des classes sociales**, donc la fin de l'histoire.

Votre avis nous intéresse !
Laissez un commentaire sur le site de votre librairie en ligne
et partagez vos coups de cœur sur les réseaux sociaux !

POUR ALLER PLUS LOIN

- ALTHUSSER (Louis) et BALIBAR (Étienne), *Pour Marx*, Paris, La Découverte, 2005.
- BALIBAR (Étienne), *La Philosophie de Marx*, Paris, La Découverte, 2001.
- BOILLOT (Hervé), *Le Petit Larousse de la philosophie*, Paris, Larousse, 2007.
- CALVEZ (Jean-Yves), *La Pensée de Karl Marx*, Paris, Seuil, 2006.
- CHARBONNAT (Pascal), *Histoire des philosophies matérialistes*, Paris, Syllepse, 2007.
- CLÉMENT (Élisabeth) *et alii*, *La Philosophie de A à Z*, Paris, Hatier, 1994.
- DHILLY (Olivier), *Comprendre la philosophie*, Paris, Ellipses, 2011.
- DU BORD (Claude-Henry), *La Philosophie tout simplement*, Paris, Eyrolles, 2007.
- FOUGEYROLLAS (Pierre), *Marx*, Paris, PUF, 1992.
- KUNZMANN (Peter), BURKARD (Franz-Peter) et WIEDMANN (Franz), *Atlas de la philosophie*, Paris, Le Livre de Poche, 2010.
- MARX (Karl) et ENGELS (Friedrich), *Contribution à la critique de l'économie politique*, in *Œuvres*, tome 1, Paris, Gallimard, 1963.
- MARX (Karl) et ENGELS (Friedrich), *Manifeste du parti communiste*, Paris, GF-Flammarion, 1999.
- MARX (Karl) et ENGELS (Friedrich), *L'Idéologie allemande*, Paris, Éditions sociales, 1976.
- MARX (Karl), *Contribution à la critique de la philosophie du*

droit de Hegel, Paris, Entremonde, 2010.
- MARX (Karl), *Le Capital*, livre 1, Paris, Gallimard, 2008.
- MARX (Karl), *Manuscrits de 1844*, Paris, GF-Flammarion, 1996.
- PAQUOT (Thierry) et PÉPIN (François), *La Philosophie du bac à la fac*, Paris, Larousse, 2011.
- RUSS (Jacqueline), *Dictionnaire de philosophie*, Paris, Bordas, 2004.

ASSOCIEZ CHAQUE CITATION À L'EXPLICATION QUI LUI CORRESPOND

Citation 1 : « Les philosophes n'ont fait qu'interpréter le monde de différentes manières, ce qui importe c'est de le transformer. » (*L'Idéologie allemande*, Paris, Éditions sociales, 1976)

Citation 2 : « La production des idées, des représentations et de la conscience est d'abord directement et intimement mêlée à l'activité matérielle et au commerce matériel des hommes [...]. » (*L'Idéologie allemande*, Paris, Éditions sociales, 1976)

Citation 3 : « Ce n'est pas la conscience des hommes qui détermine leur existence, c'est au contraire leur existence sociale qui détermine leur conscience. » (*Contribution à la critique de l'économie politique*, in Œuvres, tome 1, Paris, Gallimard, 1963, p. 272)

Citation 4 : « L'histoire de toute société jusqu'à nos jours est l'histoire de luttes des classes [...]. Oppresseurs et opprimés, en opposition constante, ont mené une lutte ininterrompue, tantôt ouverte, tantôt dissimulée, une lutte qui finissait toujours soit par la transformation révolutionnaire de la société toute entière, soit par la disparition des deux classes en lutte. » (*Manifeste du parti communiste*, Paris, GF-Flammarion, 1999)

Citation 5 : « [...] en quoi consiste l'aliénation du travail ? D'abord, dans le fait que le travail est extérieur à l'ouvrier, c'est-à-dire qu'il n'appartient pas à son essence, que donc, dans son travail, celui-ci ne s'affirme pas mais se nie [...]. » (*Manuscrits de 1844*, Paris, GF-Flammarion, 1996)

Citation 6 : « [La religion est] le soupir de la créature accablée, l'âme du monde sans cœur, de même qu'elle est l'esprit d'un état de choses où il n'y a point d'esprit. Elle est l'opium du peuple. » (*Contribution à la critique de la philosophie du droit de Hegel*, Paris, Entremonde, 2010)

Citation 7 : « Si le prolétariat [...] détruit par la violence l'ancien régime de production, il détruit en même temps [...] les conditions de l'antagonisme des classes, il détruit les classes en général [...]. À la place de l'ancienne société bourgeoise, avec ses classes et ses antagonismes de classes, surgit une association où le libre développement de chacun est la condition du libre développement de tous. » (*Manifeste du parti communiste*, Paris, GF-Flammarion, 1999)

Explication a : les hommes se définissent par leur être social, par la société dans laquelle ils vivent.

Explication b : il y a aliénation quand les travailleurs sont rendus étrangers à eux-mêmes, dépourvus de ce qui fait leur essence parce qu'ils ne comprennent pas le sens de leur travail.

Explication c : la religion, promesse du bonheur après la mort pour ceux qui souffrent dans la vie, représente la drogue qui abrutit le peuple pour le maintenir à sa place.

Explication d : le système capitaliste consiste à changer en marchandise une part de la nature que l'homme s'approprie : pour ce faire, le patron achète la force de travail de l'ouvrier, qui se trouve exploité et aliéné.

Explication e : le système capitaliste est absurde dans le sens où la main-d'œuvre ouvrière est toujours plus importante et toujours plus pauvre, tandis que la bourgeoisie est toujours moins nombreuse et toujours plus riche.

Explication f : le prolétariat, en détruisant le régime capitaliste, donne naissance à une société sans classes.

Explication g : les idées et les représentations sont le reflet de la vie matérielle.

Explication h : la philosophie doit transformer le monde et non pas seulement s'adonner à une pensée spéculative.

Explication i : l'histoire de l'humanité comprend quatre étapes révolues ayant toutes abouti à un retournement de situation : à chaque étape, la classe dominée a provoqué une révolution instaurant un bouleversement des rapports sociaux.

Explication j : le moteur de l'histoire est la lutte des classes : parfois elle a abouti à une transformation de la société, parfois elle a donné lieu à la disparition des classes sociales en conflit.

Rendez-vous sur lepetitphilosophe.fr et découvrez :

Plus de 1200 analyses
Claires et synthétiques
Téléchargeables en 30 secondes
À imprimer chez soi

ISBN version numérique : 978-2-8062-4956-2
ISBN version papier : 978-2-8080-0131-1
Dépôt légal : D/2017/12603/515

Conception numérique : Primento,
le partenaire numérique des éditeurs.